AF358989

UNE EXCURSION A BOULOGNE-SUR-MER

UNE EXCURSION

A

BOULOGNE-SUR-MER,

EN JUIN 1866,

PAR G. L.

HAVRE

IMPRIMERIE COSTEY FRÈRES. LIBRAIRES

RUE DE L'HÔPITAL, 4 & 6.

1866.

PRÉFACE.

Une heureuse circonstance, due à la bienveillance de ma mère, m'ayant procuré, au printemps
dernier, l'occasion de faire une excursion dans le
Boulonnais, en compagnie d'un archéologue bien
connu, je me suis fait un devoir de consigner,
chaque jour, mes impressions de voyage. Ces sen-
sations fugitives, rehaussées par la science et les
souvenirs de mon guide, j'ai cru devoir, jour par
jour, les adresser à ma mère comme un témoignage
de ma reconnaissance, et aussi, pour conserver
dans leur fraîcheur originelle des émotions passa-
gères par nature.

C'est pour cela que chaque soir, recueillant mes
souvenirs de la journée, j'adressais à ma mère le
fruit de nos pérégrinations quotidiennes.

Tout naturellement je n'entre dans aucun détail,
je vise seulement à fixer pour elle et pour moi
l'ensemble des faits qui constituent mon journal.

C'est de ce journal que je réunis aujourd'hui les feuilles afin de former pour ma famille, mes amis et moi, le mémorial d'une excursion qui fut pleine de charme et d'intérêt.

Ces lettres, que j'ai été si heureux d'écrire, je serai charmé d'apprendre que quelqu'un ait trouvé du plaisir à les lire. Ce sera pour moi un double bonheur de pouvoir intéresser les autres en m'instruisant moi-même.

Les voyages ne sont-ils pas en effet la meilleure manière de connaître les hommes et les choses ?

G. L.

Dieppe, le 20 juin 1866.

UNE EXCURSION

A

BOULOGNE-SUR-MER

Abbeville, le 9 juin 1866.

MA CHÈRE MÈRE,

Partis ce matin de Dieppe, à neuf heures, nous sommes arrivés à midi dans la capitale de l'ancien comté d'Eu. Nous avons traversé une plaine verdoyante qu'éclairait le plus beau soleil du monde.

Çà et là, nous avons accordé nos souvenirs aux villages et aux monuments qui côtoyaient notre route. Après le camp de César, ce fut le manoir de Berneval, la maladrerie de St-Cathald, avec sa légende de Jeanne de Calletot (*), St-Martin et ses antiquités romaines, la

____

(*) Voir la Notice historique sur Berneval-le-Grand et St-Martin-en-Campagne, par M. l'abbé Lecomte.

ferme de Neuvillette, où logèrent les conspirateurs Pichegru et Cadoudal, enfin la vallée de l'Yère, qui déroulait devant nous ses frais villages, l'église de Criel et son vieux château de Briançon, que Mlle de Montpensier transforma en une maison de charité. Là sont tout à la fois les souvenirs du duc de Penthièvre et des filles de saint Vincent-de-Paul, dont cette maison fut l'un des premiers berceaux.

A Eu, nous avons dîné rapidement et de bon appétit ; puis, nous avons promené nos regards dans la grande basilique qui s'est élevée sur le tombeau de saint Laurent de Dublin. Ce prélat irlandais, qui a mêlé sa cendre à celle des comtes et des princes normands, domine la ville et la remplit de son ombre et de ses grands souvenirs.

Sur la côte de la Picardie, que nous côtoierons bientôt pour quitter notre chère province, se dressent une chapelle solitaire et une pierre isolée qui gardent le dernier pas du saint pontife.

Avant de quitter Eu, nous avons donné un souvenir à la Porte de l'Empire, dernier débris des fortifications du Moyen-Age, dont le nom semble rappeler cet Empire romain qui a rempli le monde. De là, nous sommes allés visiter les Guises dans leurs tombeaux de marbre, et la croix de Lorraine nous a encore protégés, car nous avons reçu dans l'ancien collége des Jésuites, l'aimable hospitalité du principal, qui fut autrefois l'un de mes excellents maitres. Le temps nous a manqué pour aller visiter le palais des ducs et des rois, qui s'élève devant l'église paroissiale.

A trois heures, nous sommes partis pour Abbeville. Sur toute la route, qui est un peu monotone, nous avons rencontré quelques villages construits en bauge, mais où la brique tend chaque jour à remplacer l'argile. Tous les habitants sont ferronniers, et ils font des serrures, de père en fils, sans doute depuis les Gaulois. L'aspect de leurs ateliers rappelle beaucoup l'Aliermont. Les femmes mêmes travaillent le fer, comme à St-Nicolas l'horlogerie. Nous n'avons rencontré qu'un seul ruisseau, celui de Miannay, où l'on a dernièrement découvert un cimetière mérovingien.

Nous sommes arrivés à Abbeville, à six heures et demie, et nous avons été émerveillés de la largeur du bassin de la Somme.

D'éternels faubourgs, de longues chaussées précèdent la place-forte qui a conservé ses fossés, ses bastions et ses ponts-levis.

Cet aspect militaire fait un singulier effet, surtout quand on le compare à l'air de paix que donnent la vue du chemin de fer et le canal rempli de navires qui coupe ces remparts de briques et de gazon.

Entrés dans Abbeville, nous avons salué de loin les tours de St-Wulfran et passé devant la célèbre manufacture de Van Robais, qui fut une création de Louis XIV et de Colbert.

A demain.

Abbeville, le 10 juin 1866 (second dimanche
du Saint Sacrement.)

MA CHÈRE MÈRE,

Nous commençons notre journée par nous munir
d'une messe de huit heures dans l'ancienne collégiale de
St-Wulfran, magnifique église du XVIe siècle que le
peuple d'Abbeville décore du nom pompeux de cathédrale, sans doute à cause de sa splendide architecture.

Le nom de St-Wulfran, quoiqu'il ait l'air un peu
barbare, a cependant un attrait particulier pour les
Normands. Saint Wulfran fut moine et abbé de St-
Wandrille, c'est de là qu'il est parti pour monter sur
le siége archipiscopal de Sens et pour devenir l'apôtre
de la Frise, aujourd'hui la Hollande. Ce saint homme
revint mourir à Fontenelle, où un port sur la Seine
conserve son nom.

L'église d'Abbeville présente une façade admirable,
toute ruisselante d'architecture, toute peuplée d'apôtres
et de saints.

Les deux tours carrées qui entourent la façade, sont
également découpées depuis la base jusqu'au sommet.
Le siècle de François Ier, qui a commencé cette belle
église, ne l'a conduite que jusqu'à la première moitié
de sa longueur. Le chœur n'est pas digne de la nef ni
de ses collatéraux. Ce qui manque à St-Wulfran, ce
sont des verrières généralement rares en Picardie.

En revanche, nous avons admiré les rétables des chapelles, nouveaux, mais parfaitement imités de l'époque à laquelle appartient l'église.

Parmi les singularités que renferme ce monument, je ne puis m'empêcher de vous citer un lézard empaillé et suspendu à l'une des tours, auquel se rattachent une ou deux légendes curieuses sur lesquelles je vous laisse le choix :

On rapporte qu'une femme vint dans St-Wulfran pour prier. Elle avait un petit enfant qu'elle déposa à côté d'elle. En se levant elle ne retrouva plus son enfant. Consternée, elle cherche de tous côtés, et aperçoit au pied de la tour un gros lézard qui avait enlevé son fils. Elle le lui prend et l'on s'empare du lézard qui fut empaillé et mis dans l'église.

Voici maintenant la seconde légende :

On assure que dans la cuisine de l'ancienne collégiale vivaient, cachés sous une dalle de pierre, un lézard et un crapaud faisant parfait ménage. Ils étaient devenus plus gros et plus gras que les chanoines aux dépens desquels ils subsistaient. Tous les soirs le crapaud soulevait la dalle, et son ami le lézard s'élançait sur les provisions déposées dans l'office. Il rentrait avec son butin et le crapaud laissait tomber la trappe. Cette série de vols resta aussi longtemps impunie qu'incomprise. Mais enfin la justice, quoique boiteuse et aveugle, découvrit les coupables et condamna l'un d'eux à une exposition perpétuelle qu'il subit dans l'église St-Wulfran

De là nous sommes allés faire visite à M. Boucher de Perthes. Nous avons trouvé ce vétéran de la littérature et de l'archéologie dans le splendide hôtel que sa famille occupe depuis près de deux siècles. On peut dire que l'habitation de M. Boucher de Perthes n'est qu'un vaste musée. Des statues et des bustes en marbre antique en gardent l'entrée. Les escaliers, les antichambres, comme les salles, sont remplis de bois sculpté par la main du Moyen-Age. Plusieurs salles sont garnies de tableaux. Il y a aussi un très joli musée lapidaire qui renferme tout un monde de silex taillés, applicables à tous les besoins de la vie.

Outre les haches celtiques, on y trouve particuliè-rement la série des silex taillés que M. Boucher de Perthes a l'honneur d'avoir découverts le premier, dans des terrains déposés par les eaux et non maniés par l'homme. Nous avons vu une machoire humaine et des ossements d'animaux, qui ont été charriés par les eaux à des époques qu'il est impossible de dater.

Nous avons terminé notre visite par un coup-d'œil jeté aux productions du Moyen-Age, à des clefs, à des ivoires, à des émaux, et à tous les brimborions qui constituent le monde de la curiosité.

Au sortir de chez M. de Perthes, nous avons salué M. Dimpre, aimable antiquaire qui, après nous avoir fait les honneurs de son cabinet, a bien voulu nous conduire au musée municipal d'Abbeville.

Ce musée, passablement bien classé, renferme un

intéressant assortiment d'objets d'art, de toutes les époques et appartenant surtout à l'arrondissement dont Abbeville est le chef-lieu.

De là nous avons été déjeuner, et nous avons été agréablement interrompus par la visite d'un enfant de chœur, qui est venu nous offrir de l'eau bénite. Ici, c'est encore le Moyen-Age, et non content de bénir les habitants rassemblés dans le temple, l'Eglise les bénit encore chacun dans sa demeure (*) *et unumquemque illorum in proprio habitaculo,* comme dirait M. l'abbé Malais ; bien sûr que de joie il aurait embrassé l'enfant, auquel nous avons offert la prébende recommandée par les Conciles. C'était à l'aide de cette pieuse coutume que beaucoup de chanoines, tant en France qu'en Angleterre, élevaient les enfants de chœur qui servaient leur collégiale.

A une heure, nous sommes partis pour St-Riquier, d'où nous revenons à six heures ; mais à demain le récit de cette excursion.

(*) **Voyez** le deuxième volume des *Eglises de l'arrondissement de Dieppe,* par **M.** l'abbé Cochet, page 185.

Abbeville, le 11 juin, 7 heures du matin.

MA CHÈRE MÈRE,

Quoique Normands, nous tenons notre parole, et nous venons achever avec vous notre journée d'hier.

Partis à une heure pour St-Riquier, nous sommes arrivés juste au moment où l'on sonnait les vêpres. Nous nous croyions parfaitement inconnus, et nous nous hâtions de visiter l'église sans bruit et avant la foule.

Déjà de loin nous avions salué la tour imposante qui forme tout à la fois le portail et la couronne de l'église.

St-Riquier est une copie de St-Wulfran, seulement l'abbaye n'a qu'une tour, tandis que la collégiale en a deux. Mais c'est le même siècle qui les a élevées, on dirait presque le même architecte. St-Riquier est moins orné qu'Abbeville, quant à la façade ; toutefois, il possède au tympan du grand portail, un arbre de Jessé sculpté sur pierre comme à la cathédrale de Rouen. Mais St-Riquier grandit prodigieusement dans l'esprit du touriste, dès qu'on en a franchi le seuil. Ce n'est plus une église irrégulière et tronquée comme St-Wulfran, mais c'est une splendide conception de pierre qui vous enveloppe de tous côtés. Elle unit l'élégance à l'élévation, la grâce à la force. Tout est harmonie parfaite, et les transepts ont un développement remarquable. Ils sont surmontés d'allées couvertes ou tribunes, admirablement sculptées.

La chapelle de la Ste-Vierge, charmante église par elle-même, termine heureusement ce majestueux et élégant édifice.

Outre l'architecture, qui appartient tout entière à la même époque, à ce XVIe siècle qui a rarement produit une œuvre complète, nous avons encore admiré à St-Riquier l'ameublement et la décoration. De merveilleuses balustrades en fer forgé, comme celles de St-Ouen de Rouen, ferment le chœur et les chapelles.

Les stalles des moines sont restées avec leur dossier. C'est un superbe ensemble du temps de Louis XIV. Le sanctuaire et son pourtour sont lambrissés de marbre et de colonnes ioniques d'un travail exquis. L'autel, fait en Italie, passe le tout, et le tabernacle, en marbre d'Alep, passe encore l'autel. Les chandeliers et les lampes en argent massif sont encore ceux de l'abbé d'Aligre, qui fut le grand restaurateur de l'abbaye. Le chevet est surmonté de châsses contenant les reliques de saint Riquier, de saint Angilbert et de saint Manguille, abbés du monastère; de saint Vigor, évêque de Bayeux, etc.

Le tout se termine par un Christ magnifiquement sculpté par Girardon, lequel Christ est un chef-d'œuvre de sculpture.

L'église est peuplée de statues du XVIe siècle, parmi lesquelles nous avons remarqué, à l'entrée, une statue de saint Jacques de Compostelle en habit de pélerin, et un gigantesque saint Christophe, dont chacun venait visiter la statue pour ne pas mourir de mort subite.

Dans la trésorerie, nous avons vu avec le plus grand intérêt, des peintures murales du XVIe siècle, accompagnées de charmantes petites légendes rimées. Ici, c'est une danse macabre; là, c'est la légende de Hugues-Capet, ramenant de Flandre les reliques de saint Riquier qui, pour récompense, lui promet la couronne de France dans une vision merveilleuse. Outre ces objets, nous avons vu plusieurs pièces d'art allant du XIIIe au XVIIe siècle. Ce sont des ivoires, des reliquaires, des cartons d'autel, des ornements sacerdotaux, des missels, etc., provenant tous de l'ancien trésor de ce riche et célèbre monastère.

Nous devons le complément de notre visite à deux choses qu'il serait à désirer de trouver partout. La première, qui est la plus facile, ce serait de placer sur chaque objet d'art une inscription donnant les détails de l'histoire, de la fondation et de l'ameublement de l'église. C'est ce que nous avons trouvé parfaitement pratiqué dans cette église.

La seconde chose, peut-être plus difficile à rencontrer, c'est un excellent curé comme celui qui nous a conduits à travers toutes les parties de l'église, et qui voulait nous retenir à coucher.

A demain.

Le Crotoy, 12 juin 1866.

MA CHÈRE MÈRE,

La fatigue de la journée d'hier et l'amabilité de nos hôtes, nous ont empêchés de vous donner le soir le fruit de nos excursions.

Partis d'Abbeville aussitôt après vous avoir expédié notre pèlerinage à St-Riquier, nous avons parcouru le bassin de la Somme jusqu'à son embouchure. C'est un pays plat et sans accident de terrain, mais d'une originalité bien remarquable.

Le sol que nous foulions était un ancien marécage, et celui qui était à côté de nous n'était autre chose qu'une grève à l'état de formation.

Ce pays, que les oiseaux du Nord recherchent avec empressement l'hiver, est en ce moment égayé par une verdure délicieuse; mais on sent qu'ici la nature n'a qu'un espace bien court pour se développer. L'air frais de la mer ne permet pas à la végétation de prendre de grands accroissements.

L'aspect des bouches de la Somme a quelque chose d'indicible. Pour des habitants des falaises, pour des enfants des rochers comme nous, c'est un autre monde, une nouvelle création. Des dunes qui blanchissent au soleil; des amas de sable qui se prolongent à l'infini, des grèves que couvrent et découvrent tour-à-tour les caprices de la mer, de petites barques à l'horizon; voilà

2

l'ensemble d'un pays que nos yeux découvrent pour la première fois.

Au milieu de ces horizons si plats et si monotones, se dessinent et s'élèvent, comme deux sœurs jumelles gardant la large embouchure du fleuve, les villes du Crotoy et de St-Valery.

Le Crotoy, isolé et perdu, n'est plus qu'une station de pêcheurs et de bains de mer. MM. Lemonnier, nos hôtes, nous ont montré les champs arides où fut la ville romaine, dont un savant du pays recueille les débris. C'est un véritable village sous les sables, dont M. Lefils a fait l'histoire.

Nous avons vu les vieux murs qu'élevèrent les comtes de Ponthieu, les restes du vieux château, dont une tour renferma Jeanne Darc. C'est de là que la libératrice de la France est partie pour St-Valery, Dieppe et Rouen, dans une cage de fer. C'est ainsi qu'elle a traversé tristement cette rivière de Somme que nous avons parcourue gaiement et à pied dans une excursion à St-Valery.

Nous avons donné un coup-d'œil à l'église nouvellement bâtie sous le patronage de saint Pierre, l'ami des pêcheurs et pêcheur lui-même.

L'après-midi, quand la grève était complètement à sec, nous avons entrepris, comme de vrais jeunes gens, un voyage à pied jusqu'à St-Valery. Nouveaux Hébreux, nous avons traversé la Somme à sec comme ils avaient traversé la Mer Rouge ; seulement, de temps en temps, il a fallu rendre hommage à l'humide élément. De notre excursion, qui a duré trois ou quatre heures, nous avons rapporté des coquillages qui témoigneront de ce nouveau miracle de notre voyage.

Le fruit principal de ce pèlerinage, entrepris pieds nus comme des Carmes ou des Franciscains, a été une reconnaissance rapide de la haute ville de St-Valery, où l'on voit encore des tours et des portes comme au Moyen-Age.

Nous sommes entrés un instant dans l'église, pauvre fruit du XVIe siècle. Nous avons éprouvé plus d'émotion en visitant le vieux monastère des saints Valery et Ribert, les apôtres de nos contrées. Les débris du XIIIe siècle, qui subsistent encore, ne manquent ni d'importance ni d'élévation. Nous nous sommes souvenus que c'est de là que sortirent, il y a 800 ans, les reliques du saint abbé qui, portées par des mains normandes, demandèrent au ciel le vent qui conquit l'Angleterre. Nous avons salué en passant la tour où fut emprisonné Harold, le dernier roi des Anglo-Saxons. Les vieux murs portent encore son nom. Nous avons regretté de ne pouvoir visiter la fontaine où baptisa saint Valery, et l'inscription placée sur le quai de la Ferté, qui rappelle qu'il y a huit siècles (1066), une flotte normande de 400 voiles partit de St-Valery, le 14 septembre, pour donner à Guillaume la couronne d'Angleterre. C'était une idée bien émotionnante pour nous, de penser que sur cette grève, si tranquillement parcourue par nous, s'était agitée une armée de cinquante mille hommes.

La ville de St-Valery n'est qu'un long quai aligné sur la Somme. Un chemin de fer, qui traverse la baie sur un pont de 13,000 mètres, la relie avec la civilisation.

Nous sommes rentrés au Crotoy à six heures, passablement fatigués, mais où la bonne réception de nos hôtes nous a fait oublier toutes les aspérités du chemin.

Ce matin nous allons partir pour Rue et Montreuil, et cette course sera l'objet d'une nouvelle communication pour demain.

Montreuil-sur-Mer, le 12 juin.

TRÈS CHÈRE MÈRE

Ce matin, nous vous avons donné de nos nouvelles presque avant l'aurore, mais c'étaient les impressions de la veille. Aujourd'hui, nous venons vous donner les impressions de la journée. Le pays que nous avons traversé s'est montré assez monotone jusqu'à Rue. Ce sont toujours les sables et les marais de la Somme, consolidés par le temps et fertilisés par la culture. Mais la végétation se ressent de cette nouvelle origine; elle est assez chétive. Les chaumières, généralement en bauge, ont un aspect assez pauvre. La route est facile, et sans aucun accident de terrain.

Le bourg, ou, si l'on veut, la ville de Rue, fut autrefois plus remarquable qu'elle n'est aujourd'hui. Son aspect annonce une ancienne splendeur, une déchéance moderne. Rue fut une des plus anciennes communes de la Picardie. Son beffroi municipal, tour carrée flanquée de tourelles, l'indique suffisamment. Il faut venir en Picardie et en Artois pour trouver ces beffrois communaux jusque dans les villages. La Normandie ne les a jamais connus.

Ce qui prouve combien Rue est déchue, c'est son église actuelle, bâtie depuis vingt-cinq ans et dont le style rivalise avec celui de l'église du Pollet. Mais ce qui démontre que le goût et les arts, la richesse et la piété ont autrefois habité ce pays, c'est l'admirable chapelle, dite du St-Esprit, qui est une châsse de pierre toute ruisselante de sculptures et de statues, et qui peut passer pour l'une des merveilles du XVIe siècle. Nulle part nous n'avons rien vu de semblable et nous ne le verrons jamais. Une vieille tradition prétend que ce petit miracle d'architecture doit sa naissance à un Christ merveilleux, trouvé en mer par des pêcheurs de Rue qui l'apportèrent sur la grève au grand ébahissement des populations.

De Rue nous avons gagné Montreuil. Lorsqu'on traverse l'Authie, limite de la Somme et du Pas-de-Calais, l'aspect du pays change sensiblement. On retrouve çà et là quelques collines : des monticules ondulent à l'horizon ; toutefois, vers la mer, un cercle de dunes attriste toujours les yeux.

La ville de Montreuil se présente à nous avec une ceinture de murailles, de tours, de bastions, et une triple enceinte de fossés : chose triste à dire, cette ville n'a pas grandi depuis Vauban ; elle est pour ainsi dire *ganalisée* dans ses murailles. Toutefois, l'aspect intérieur est propre, s'il n'est pas animé. Nous avons employé notre après-midi à la recherche d'antiquités Franques, que nous n'avons pas trouvées. Nous avons vu cependant le cimetière franc de Waben, d'où sont sorties une foule de curiosités.

Demain nous serons à Boulogne.

Boulogne-sur-Mer, le 13 juin 1866.

Ma chère Mère,

Hier soir et ce matin nous avons essayé de faire rapidement connaissance avec la ville de Montreuil. Elle ne nous a présenté qu'un médiocre intérêt. Comme nous vous l'avons déjà dit, c'est une place de guerre, d'autant plus choquante en pleine paix, qu'elle ne semble pas avoir la moindre raison d'être.

Les remparts dressés contre les Anglais et les Espagnols ne servent plus aujourd'hui qu'à gêner les habitants. Croiriez-vous, par exemple, que pour une ville de quatre mille âmes, dont les maisons sont fort propres et les rues bien tenues, où l'on respire enfin un air de bien-être, il n'y a cependant que deux portes pour entrer ou sortir de la ville, et encore, avec leurs caprices et leurs servitudes militaires, n'ont-elles guère moins d'un kilomètre de longueur. Toutefois, il est probable que Montreuil n'a pas toujours été aussi tranquille qu'aujourd'hui, car on n'y voit plus dominer aucun de ces clochers qui font la couronne ordinaire des villes du Moyen-Age.

Une pauvre église rapiécée du XVIe siècle est le seul temple d'une ville qui compta beaucoup d'églises et de couvents. Nous y avons vu revivre le nom de sainte Austreberte, qui appartient à la Picardie par sa naissance, et à la Normandie par son tombeau.

Toutefois, des remparts de Montreuil nous avons joui d'un charmant coup-d'œil sur la rivière et la vallée de la Canche, qui séparait autrefois la Picardie de l'Artois. La vallée de la Canche est la voie qui va nous conduire à Etaples, petit port de mer pour lequel nous partons à huit heures du matin.

La route d'Etaples ressemble beaucoup aux vallées de la Normandie, et ce rapprochement n'a rien que de gracieux pour nous. Toutefois, au dernier tiers de la route, le paysage change, et nous voyons reparaître les dunes blanchissant au soleil.

Enfin, nous arrivons à Etaples, où M. Souquet, l'historien et l'antiquaire du lieu, nous reçoit avec empressement. Il nous introduit dans son cabinet, vrai musée local, tout rempli de dépouilles romaines et du Moyen-Age recueillies à Etaples même, qui fut autrefois la ville de Quentowic, cité importante sous les Romains et les Francs.

On rapporte qu'en 840 elle fut ruinée par les Normands un jour de foire. Avec une complaisance extrême, M. Souquet nous a montré l'église, le vieux château encore debout sous Louis XIII, et qui fut très important.

De là, nous avons visité le port, les *Cronquelets* (fortifications du Moyen-Age, en coquillages et en sable) et les *Garennes* qui sont la nécropole de la cité romaine.

Après déjeûner, M. Souquet, qui s'occupe de photographie, a voulu conserver de nos personnes un souvenir que nous vous rapporterons.

Vers quatre heures, nous avons quitté Etaples et son hâvre naturel rempli de pêcheurs : nous avons gagné Boulogne par le chemin des dunes. C'est un assez triste spectacle, mais qui a son agrément lorsqu'on ne connaît que les falaises. Et puisqu'on ne voyage que pour comparer, nous étions à même de mettre en présence les sables de l'Artois avec les fiers rochers de la Normandie.

Nous avons longé le *Pli de Camiers*, où l'on assure que stationnait autrefois une flotte romaine, dont le chef supérieur résidait à Bononia (Boulogne).

Nous sommes arrivés à Boulogne vers sept heures. A demain nos impressions sur la ville.

Boulogne-sur-Mer, le 14 juin 1866.

Ma chère Mère,

Enfin, nous sommes à Boulogne, et nous jouissons de cette charmante cité, terme heureux et bien mérité de notre voyage. Nous pouvons dire que la fin couronne l'œuvre. C'est, en effet, comme ville, ce que nous avons vu de mieux sur toute la route. Malheureusement, Boulogne n'a pas d'édifices du Moyen-Age que l'on puisse comparer aux églises d'Eu, d'Abbeville et de St-Riquier ; mais, en revanche, sa jeune couronne murale, toute dentelée de dômes et d'aiguilles sortis de terre dans ce siècle de régénération, trahit une vie artistique et religieuse d'une véritable puissance et d'une grande fécondité. Il ne faut pas croire, toutefois, que le cercle de l'action se limite à Boulogne au seul élément religieux.

A chaque pas, nous rencontrons des constructions civiles, des œuvres de la vie sociale qui montrent une prospérité toujours croissante et un flot montant de population. Nous aurons beaucoup à dire, rien que pour esquisser notre journée, qui a été des mieux remplies et des plus intéressantes.

Nous avons commencé notre excursion par une visite à Notre-Dame de Boulogne, « A tout seigneur, tout honneur. » Ici, Notre-Dame est reine depuis douze cents ans, et nous lui devions bien notre premier salut. De plus, nous avions à cœur de lui parler de vous et de ceux qui vous entourent, de ceux que vous aimez et qui nous aiment aussi. Nous nous sommes agenouillés aux pieds de l'image mystérieuse, et là, nous avons versé notre âme devant celle qui est l'étoile du pèlerin, la reine des anges et des hommes. Les absents n'ont point été oubliés, qu'ils soient dans ce monde ou dans l'autre.

Nous nous sommes promenés dans la vaste basilique comme dans un jardin enchanté; nous avons été émerveillés de ses marbres, de ses colonnes, de ses voûtes, de son dôme et de ses innombrables peintures. L'œuvre de Mgr Haffringue, qui dure depuis quarante ans, n'est pas encore terminée. Comme travail d'art, cette haute montagne de pierre laisse à désirer, mais comme fruit de la piété, c'est un miracle.

Ce qui n'est pas moins étonnant que la basilique supérieure, c'est ce labyrinthe de caveaux, où l'on peut se promener longtemps et se perdre comme dans les catacombes de Rome et de Paris; là se trouvent les racines de l'église antique qui fut la cathédrale de Boulogne et le siège de ses anciens évêques.

Au sortir du temple, nous n'avons pas oublié les petits souvenirs que tout bon pèlerin doit offrir à son retour à ceux qu'il connait ou qui l'ont envoyé.

Il faut vous dire que la ville de Boulogne se compose de deux parties bien marquées, l'ancienne et la nouvelle. L'ancienne, bâtie sur un rocher, est une forteresse du Moyen-Age, encore entourée de ses hautes murailles, percée de ses portes et bosselée de ses tours. Une ceinture de feuillages cache ces vieux témoins de nos luttes passées. Dans cette enceinte, nous avons cru reconnaître l'œuvre du XVIe siècle, et l'on s'étonne qu'elle soit restée intacte jusqu'à ce jour ; pareil phénomène se voit à Granville et à St-Malo. Dans ces trois endroits, la jeune population, celle du présent et de l'avenir est descendue au pied de la colline, comme un essaim sort de la ruche. Elle s'est établie au bord de la mer, autour de la Liane qui, avec l'Océan, forme le port de Boulogne, la première pêcherie de France. Là, des rues se sont alignées, des quartiers se sont bâtis, et la fille dépasse la mère d'une façon qui serait de nature à l'humilier, si la mère elle-même ne se sentait entourée du respect de ses enfants.

Dans le Boulogne de nos jours, il y a maintenant quatre belles églises, dont une seule est ancienne. Nous n'en avons encore vu que deux, mais nous espérons bien visiter les autres.

La première est celle de St-Nicolas, vieille église des pêcheurs, qui est aujourd'hui celle des marchands. Elle renferme trois époques : le XIIIe siècle dans le clocher et dans le chœur, le XVIe siècle dans les chapelles et le XVIIIe dans la nef et les collatéraux. Toutefois, elle n'est pas très intéressante.

L'autre église est celle de Brequerecques, sous le vocable de saint François de Sales. Elle est construite depuis quelques années seulement, en style roman du XIIe siècle. La façade de cette église est imposante. La chaire, les autels et les fonts sont on ne peut mieux sculptés. Si les colonnes et les voûtes ne valent rien, l'ameublement est meilleur. Cette église avoisine un couvent d'Augustines, et l'on assure que couvent et église sont l'œuvre de catholiques anglais.

Tout près de ce monument, dont le clocher ne manque ni de physionomie ni de hauteur, se voit une charmante petite chapelle de pierre en style du XIIIe siècle. C'est une véritable châsse construite sur une ancienne chapelle du St-Sang, et qui a été élevée par la piété, il y a quelques années seulement. Rien de plus touchant que ce petit sanctuaire, qui est à la fois un miracle de l'art. Il repose l'âme, il rafraîchit la pensée, sur cette route brûlée par le soleil et battue par la foule.

Ce vieux chemin, au bord duquel ce petit édifice est situé, est l'antique voie romaine qu'Agrippa fit construire de Rome à Boulogne pour achever la conquête de la Grande-Bretagne. Puisque nous sommes sur les Romains, dont la majesté remplit encore le vieux port de Gésoriac et d'Itius-Portus, nous dirons que nous avons vainement cherché le phare de Caligula, tour qu'il fit construire pour éclairer la mer et la faire servir à la conquête de la terre. Mais la place du phare est connue. C'est ce qui devint au Moyen-Age la Tour d'Ordre, dont M. l'abbé Haigneré, un aimable et savant antiquaire, nous a tantôt rétabli le plan. Nous avons grimpé sur les angles de ce vieux donjon, qui tombe chaque jour dans le gouffre de l'Océan et de l'oubli.

Grâce à M. l'abbé Haigneré et à son aimable direction, nous avons revu ce port de Boulogne où Constance Chlore enferma et vainquit le tyran Carausius.

Notre excellent guide ne nous a pas servi seulement pour les choses anciennes, dans lesquelles il est docteur juré, il nous a parfaitement pilotés au sein du monde moderne. Grâce à lui, nous avons pu visiter l'Établissement des bains de mer de Boulogne dans tous ses détails.

C'est un bel édifice de pierre, dont les bases renferment des bains chauds et une véritable hydrothérapie, tandis que le haut est consacré à des salons de lecture, de musique, de jeux et à des galeries de toute espèce.

Le jardin est fort bien tenu, vrai parterre émaillé de fleurs. Nous ne vous dirons rien de cette foule de voitures rangées en bataille pour attaquer Amphitrite jusque dans sa dernière demeure. Mais nous vous dirons que nous avons vu élever un palais pour MM. les poissons; en d'autres termes, on construit, dans le jardin des bains de Boulogne, un aquarium, bâtiment en rochers avec pyramide et clocher. L'eau formera une très jolie cascade, et au pied sont de nombreux réservoirs où chacun pourra dire comme Boileau :

Met pour les voir passer, les poissons aux fenêtres.

Malheureusement, l'aquarium n'est qu'en construction, et nous n'avons pu jouir que des espérances qu'il promet. De là, nous avons gravi la colline du camp de Boulogne où se dresse la colonne de la grande armée. Elle est entièrement en marbre blanc, surmontée d'une statue de bronze représentant Napoléon Ier. Au pied sont deux bas-reliefs de bronze reproduisant le Camp de Boulogne et la distribution des croix d'honneur le 16 août 1804. La colonne a 53 mètres de haut et 262 marches à monter. Un couloir fait en bas le tour de la colonne et renferme les trois beaux bustes en marbre blanc de Napoléon Ier, du vice-amiral Bruix et du maréchal Soult.

Nous continuerons demain notre excursion dans la ville.

Boulogne-sur-Mer, le 15 juin 1866.

Ma chère Mère,

Ce matin, vers neuf heures, par un temps qui continue à être beau, nous avons repris nos visites aux monuments de Boulogne.

Nous avons voulu voir les deux dernières églises paroissiales récemment bâties et par le même architecte. La première est celle de St-Pierre de la Beurrière, le Pollet de Boulogne. Nous avons grimpé ce Capitole des marins, où les maisons s'étagent et s'entassent comme les alvéoles d'une ruche. On est surpris de l'empressement avec lequel ces braves gens se sont perchés sur cette colline. C'est une tribu de marins, beaucoup plus propres que ceux de Dieppe, autant qu'il nous est permis d'en juger par la propreté des rues et la tenue des maisons. Il paraît bien que, comme leurs confrères de Dieppe, ces braves marins n'avaient pas d'église. Ils en ont construit une depuis moins de vingt ans. L'église de la Beurrière a du cachet. Elle est en pierre du pays et en style du XIIIe siècle. Le clocher, ajouté dans ces dernières années, est une belle tour carrée placée au portail et d'un style meilleur encore que l'église.

De la Beurrière nous sommes descendus à Capecure, en traversant la ville et la rivière. Nous avons admiré en passant la gare du chemin de fer, que l'on prendrait pour un hôtel-de-ville de la Flandre.

Capécure est la ville industrielle de Boulogne. C'est le
St-Sever de ce port de mer. L'église, dédiée à St-Vincent-
de-Paul, est une charmante construction que ne renie-
rait pas le siècle de saint Louis. Elle est à trois nefs avec
bras de croix et clocher sur le portail. Le marbre de
Boulogne et la pierre du bassin de Paris en ont fait tous
les frais. Le style en est ravissant. Les autels, les
bénitiers, la chaire, tout est parfaitement concordant.
Il serait à désirer que l'on rencontrât souvent des églises
de ce genre. Nous avons terminé notre matinée par une
visite à la bibliothèque publique, où nous attendait
l'aimable attention de M. l'abbé Haigneré, qui est
l'archiviste de la ville.

Il nous a fait les honneurs de l'établissement avec une
bienveillance et une aménité que nous ne saurions trop
reconnaître. Il a voulu que la journée lui fût consacrée,
et après nous avoir reçus comme des pélerins archéo-
logiques, il nous a, dans l'après-midi, fait les honneurs
du musée.

Le musée de Boulogne est assurément l'un des plus
beaux musées de province qui existent en France. Outre
sa collection d'histoire naturelle, il renferme une série
de vases étrusques et de tombeaux égyptiens. Il y a
aussi des antiquités romaines et mérovingiennes, dont
le choix est véritablement exquis. Comme M. l'abbé
Haigneré les avait fouillées dans le sol du Boulonnais, il
a su leur donner pour nous un intérêt tout nouveau.
Avant de rentrer, il nous a montré la vieille ville et ses

remparts, et un couvent de Rédemptoristes, dont la chapelle forme une charmante église du Moyen-Age et qui fut bâtie par un architecte anglais.

Demain, nous allons pousser une excursion jusqu'à la pointe du Boulonnais, que l'on nomme Gris-Nez. De l'autre côté est le rocher de Shakespeare.

Boulogne-sur-Mer, le 16 juin.

CHÈRE MÈRE,

Notre journée s'est entièrement passée à la campagne. Nous nous sommes donné la satisfaction d'étudier la côte et de remonter la Manche jusqu'à son origine, la France jusqu'à son point le plus avancé vers la Grande-Bretagne. Nous avons été aujourd'hui de Boulogne à Wissant, c'est-à-dire dans une baie maritime située entre le cap Gris-Nez et le cap Blanc-Nez. Ces deux promontoires forment le détroit connu sous le nom de Pas-de-Calais. En face de nous était l'Angleterre, dont nous avons parfaitement vu les côtes. Les silhouettes de Douvres et de Calais se dessinaient dans le lointain, le rocher de Shakespeare était juste devant nous.

Pour arriver à Wissant, qui est à cinq lieues de Boulogne, nous avons traversé les petits ports ou échouages de Vimereux et d'Ambleteuse, si célèbres dans l'histoire de l'Empire par le séjour de flotilles, de bateaux plats qu'y réunit Napoléon Ier. Le sol que nous traversions n'était rien autre chose que le campement de l'immense armée qu'il précipita sur l'Allemagne au lieu de la jeter sur l'Angleterre.

C'est aussi à Vimereux que fut pris, le 6 août 1840, le prince Louis-Napoléon, au moment de son débarquement en France.

Tous ces pays sont remplis des souvenirs de l'Empire, des comtes de Boulogne, et aussi de César.

C'est à Wimille que s'embarqua la cavalerie du conquérant des Gaules, lors de sa descente chez les Bretons. Nous avons joui avec bonheur de l'admirable point de vue que présente la côte échiquetée du Boulonnais du pied du phare de Gris-Nez. Mais notre meilleure étude a été le village de Wissant, dont beaucoup d'auteurs ont fait l'*Itius-Portus* de César. Quoique nous ayons pour guide un adversaire déclaré de cette opinion, il ne nous a pas été prouvé que le général romain ne se soit pas embarqué à Wissant. C'est par Wissant que tout le Moyen-Age allait et venait de France en Angleterre. Saint Thomas de Cantorbéry y a débarqué comme saint Augustin, le premier évêque de ce grand siége. Notre célèbre archevêque de Rouen, Eudes Rigaud, passait toujours par Wissant lorsqu'il allait en Angleterre.

Nous devons dire que notre savant conducteur ne nous a rien laissé ignorer de ce qui pouvait rendre notre excursion intéressante.

Après avoir visité le camp de César, de Wissant, nous sommes sortis de ce village par une ancienne voie romaine qui nous a déversés sur la route impériale.

En traversant Marquise, nous avons remarqué sur la route un tombeau. C'est là que reposent les aéronautes Pilatre du Rosier et Romain. Ayant voulu traverser de France en Angleterre, leur montgolfière prit feu ; ils tombèrent et furent tués sur le coup. Une pyramide placée entre Vimereux et Wissant indique l'endroit de leur chute.

Demain, nous reprendrons le chemin qui conduit vers Dieppe.

Montreuil-sur-Mer, le 17 juin 1866.

MA TRÈS CHÈRE MÈRE,

Nous nous sommes levés aujourd'hui avec un froid affreux. Ici nous nous sommes approchés du nord, ou le nord s'est rapproché de nous. On se croirait en hiver, et à huit heures nous avons été transis en allant chercher la messe à l'église de St-François-de-Sales. Nous avions à cœur d'assister à la messe de M. l'abbé Haigneré, qui avait été pour nous la personnification de l'hospitalité dans Boulogne.

Nous avons vu avec plaisir que dans cette église neuve, construite dans le style du Moyen-Age, on avait aussi cherché les ornements et le mobilier sacerdotal du temps. Calice, chasubles, sonnettes, tout reflète le temps de St-Louis et de Philippe-de-Valois.

La rigueur de la température nous a empêchés d'utiliser notre matinée dans Boulogne.

Nous nous sommes consignés dans notre chambre, à laquelle nous ne trouvions plus le même agrément. Notre pied était levé et notre cœur aussi.

C'est donc avec un grand plaisir que nous avons appareillé au commencement de l'après-midi. Cependant, le trajet s'est fait sans peine et sans souffrance. Nous avons joui longtemps des aspects variés que présente le Boulonnais dans la vallée de la Liane.

Lorsque nous eûmes gagné la plaine qui nous

séparait de la Canche et de Montreuil, nous avons joui
d'un très beau point de vue.

Nous avons salué de loin les dunes d'Etaples, qui s'of-
fraient à l'horizon et qui nous rappelaient la bonne
journée que nous y avions passée. Nous voilà maintenant
en Picardie et à même de revoir une fois de plus cette
pauvre ville de Montreuil, deshéritée de chemin de fer et
un peu d'animation.

Pourtant, aujourd'hui, elle s'était endimanchée pour
un concours agricole. Mais, franchement, nous l'avons
trouvée calme comme un désert.

Nous espérons que cette paix inhérente à la cité
n'en sera que plus favorable à notre repos personnel.

Nous avons jeté l'ancre pour une nuit et nous n'as-
pirons qu'au plaisir de la lever demain matin et de
gagner Abbeville, où nous ne serons plus qu'à une journée de Dieppe.

Abbeville, le 18 juin 1866.

Chère Mère,

Nous touchons enfin au terme de notre voyage, et cette journée sera la dernière que nous consignons sur nos tablettes. Nous avons quitté Montreuil vers huit heures du matin, et nous sommes arrivés à Abbeville vers six heures. Que s'est-il passé pendant ces dix heures ? Nous allons vous le dire ; du reste, nous n'avons vu que deux points principaux et dignes d'intérêt, et cela parce que nous n'avons pas suivi la route impériale. Nous avons voyagé en touristes par des chemins frayés mais peu battus.

Les deux points culminants de notre excursion ont été l'abbaye de Valloires et le champ de bataille de Crécy.

L'ancienne abbaye de Valloires est située sur la rive gauche de l'Authie, dans une belle et large vallée abondamment peuplée de peupliers, mais marécageuse au suprême degré.

C'est ce qui explique du reste le choix que firent de cette vallée les disciples de saint Bernard, que leur maître plaçait toujours dans les lieux bas et fiévreux, afin que, constamment malades, ils se souvinssent de la mort.

Les marais de Valloires ont sans doute changé depuis le XIIe siècle, mais il en reste assez pour se faire une idée de ce qu'ils furent à cette époque.

L'abbaye fut fondée par Guy, comte de Ponthieu, et par son épouse. Ils y sont inhumés. Leurs statues de marbre sont encore couchées dans l'église, et c'est tout ce que celle-ci renferme de plus ancien.

Malheureusement, l'abbaye de Valloires ne peut offrir d'antique que son origine. Monastère et église ont été entièrement renouvelés depuis 150 ans. La maison conventuelle présente un admirable cloitre, auquel il n'y a à reprocher que sa nouveauté. L'église, plus jeune encore, a été rebâtie en 1750, et consacrée en 1756 par le célèbre Mgr de La Motte, évêque d'Amiens. L'église est admirablement meublée dans le style du XVIIIe siècle. Par sa propreté et sa coquetterie, elle serait digne de figurer dans une capitale.

Nous avons remarqué par-dessus tout une grille magnifique en fer forgé, un superbe buffet d'orgue sculpté allant du pavé à la voûte, et une suspension du St-Sacrement faite à l'aide d'un palmier recourbé.

L'abbaye de Valloires, aliénée comme tant d'autres à la Révolution française, a eu le bonheur de tomber entre des mains honnêtes qui l'ont respectée jusque dans ses moindres détails. En 1817, elle a été rachetée par une pieuse association de Belges, qui y vivent en communauté et qui se nomment Basiliens, parce qu'ils suivent en quelque chose la règle de saint Basile et qu'ils reconnaissent pour patron le saint évêque de Césarée.

Par le fait, ce sont des agriculteurs et des ouvriers portant la blouse et exerçant toutes sortes de professions manuelles. Il nous ont parfaitement accueillis et nous ont offert une hospitalité que nous n'avons pas acceptée.

Nous étions pressés de gagner Crécy où nous sommes arrivés midi sonnant. C'était un jour de marché, et le bourg avait une animation extraordinaire. Nous avons été visiter le fameux champ de bataille de 1346.

Nous sommes allés jusqu'au moulin de pierre en forme de tour circulaire, d'où Edouard III commanda et dirigea ses troupes. On assure que le moulin est le même, et nous n'avons aucune difficulté à le croire. L'épaisseur des murs, la forme de l'appareil extérieur, la nature et la taille de la pierre, tout concourt à faire croire que ce moulin appartient au XIIIe ou au XIVe siècle. C'est un monument historique qui mériterait d'être conservé.

On nous a montré le campement de l'armée anglaise, la marche de l'armée française, le lieu de la rencontre et jusqu'à la croix qui s'élève sur le lieu où le malheureux Jean de Bohême reçut une mort glorieuse. Rien n'est plus impressionnant que ce spectacle, et s'il ne laisse d'agréables souvenirs, il donne au moins de profondes émotions.

De Crécy à Abbeville, la route n'est guère qu'une longue chaussée, gracieuse sans doute, mais dont le mauvais temps nous a empêchés de jouir comme nous l'aurions désiré. Nous sommes rentrés dans la capitale du Ponthieu par la porte Marcadé, qui nous avait déjà vus sortir huit jours auparavant.

Demain, nous espérons rentrer dans Dieppe par la porte Sailly ou par celle de l'ancienne Poissonnerie.

A demain donc.

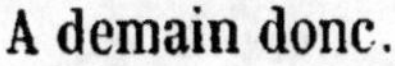

Havre — Imprimerie Commerciale COSTEY Frères, rue de l'Hôpital, 4 et 6